5960

Darles

X

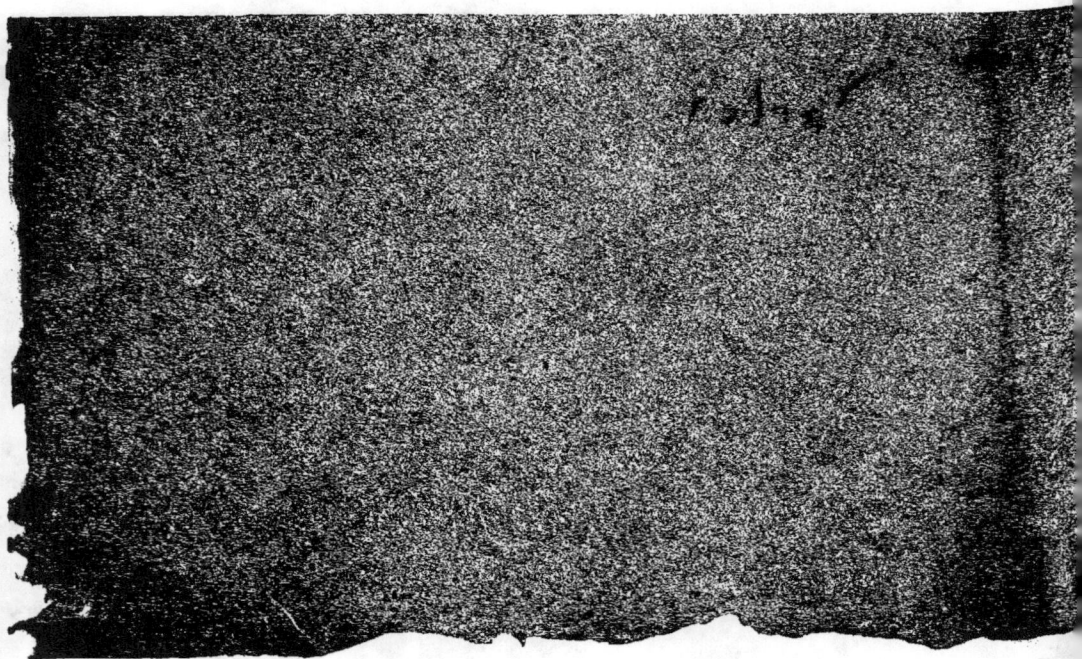

TRAITÉ

DES

SEPT ESPÈCES DE VERBES

DE LA LANGUE FRANÇAISE.

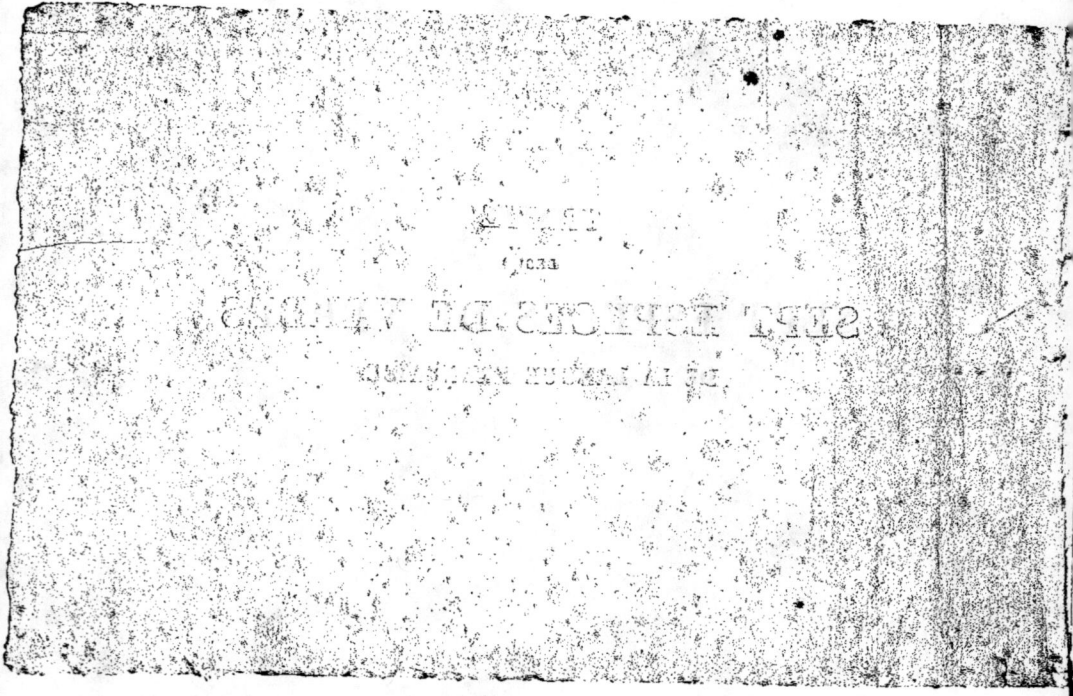

TRAITÉ

DES

SEPT ESPÈCES DE VERBES

DE LA LANGUE FRANÇAISE;

PAR M. DARLES,

MAÎTRE DE GRAMMAIRE, D'ARITHMÉTIQUE ET DE GÉOGRAPHIE.

A LYON,

CHEZ L'AUTEUR, RUE TUPIN, N.º 32. — ET CHEZ M. FAVÉRIO, LIBRAIRE, RUE LAFONT, N.º 6.

A PARIS,

CHEZ AUG. DELALAIN, RUE DES MATHURINS-St.-JACQUES, N.º 5.

1821.

DU VERBE.

L<small>E</small> mot *Verbe* vient du latin *Verbum*, qui signifie parole; c'est le mot par excellence et qui est regardé comme l'âme du discours, en ce qu'il forme la liaison de toutes nos idées, et que sans lui, il n'est pas possible de faire aucune phrase qui ait un sens raisonnable et suivi.

En effet, sans un Verbe on ne saurait lier deux idées.

Supposons, par exemple, que j'aie dans ce moment l'idée de la vertu, et l'idée de quelque chose d'aimable. Considérant alors que ces deux idées ont un rapport de convenance entre elles; pour exprimer ce rapport, je me sers d'un mot que j'appelle *Verbe*, pour faire connaître ce que je pense de la vertu, et je dis la vertu *est* aimable. Cette petite phrase est un jugement, puisqu'ayant eu d'abord l'idée de la vertu, et ensuite celle d'aimable, j'ai jugé, en comparant ces deux idées, que la qualité d'aimable convenait très-bien à la vertu.

Le Verbe est donc un mot qui exprime formellement le jugement de notre esprit sur le rapport des idées qu'il compare.

Il n'y a, à proprement parler, qu'un seul Verbe qu'on appelle *Radical* ; c'est *Être* : *Je suis*, *tu es*, *il est*, etc. Les autres appelés *Actifs*, *Neutres*, etc., ne sont que des abré-viations de ce *verbe* et du *Gérondif*. *Aimer*, par exemple, est un verbe; ce mot ne signi-fie-t-il pas la même chose que *être aimant ? Dormir, être dormant ?*

Les hommes, naturellement portés à abréger leurs expressions, ont cherché sans doute à restreindre en un seul mot le Verbe *Radical* et le *Gérondif*, toutes les fois qu'ils ont voulu prononcer un jugement. Ayant, par exemple, l'idée du feu et l'idée de quelque chose de brûlant; après avoir dit, *le feu est brûlant*, ils auront dit, *le feu brûle*. On peut conclure de là que tous les autres Verbes ne sont que des abréviations ou des expressions abrégées, formées par la réunion du Verbe *être* et d'un adjectif appelé *Gérondif*.

Le Verbe *être* est appelé *Radical*, parce qu'il est le premier et en quelque sorte la racine des autres, qui, comme on vient de le voir, peuvent se rendre, c'est-à-dire, se changer par celui-là.

On voit d'après cela qu'il y aurait deux espèces générales de Verbes; savoir : le Verbe *être*, appelé *Radical*, et le Verbe *Qualificatif*, ainsi nommé, parce qu'avec le Verbe *être*, il renferme encore la qualité du sujet, cette qualité qu'on appelle *Adjectif*.

DU VERBE RADICAL *ÊTRE*.

Le Verbe *Radical* se divise en Verbe *radical* proprement dit, et en Verbe *auxiliaire* (1). Considéré comme *Radical*, il se retrouve, ainsi qu'on vient de le voir, dans tous les Verbes *qualificatifs*.

Comme *auxiliaire*, il sert à former tous les temps des Verbes *passifs*, et tous les temps composés de la plupart des autres verbes. Dans l'un et dans l'autre cas, il est toujours suivi d'un participe.

---

(1) *Auxiliaire* vient du latin *auxilium* qui signifie secours, qui aide.

(*N. B.*) Nous avons encore dans notre Langue, avec le Verbe *être* , un autre Verbe *auxiliaire*, c'est le Verbe *avoir* qui sert à former tous les temps composés des Verbes *actifs* , ceux de la plupart des Verbes *neutres* , et les temps surcomposés des Verbes *passifs*.

Ces deux Verbes ne sont regardés comme *auxiliaires* que quand ils prêtent secours aux autres pour leur aider à former leurs temps ; car autrement le Verbe *avoir* est par lui-même un Verbe *qualificatif actif* qui signifie la même chose que *posséder*. Exemple : *J'ai de l'argent*. Comme le Verbe *Être* par lui-même signifie *exister : Je suis ;* c'est-à-dire , j'existe.

DU VERBE QUALIFICATIF.

Le Verbe *qualificatif* se divise en Verbes *actifs*, *passifs*, *neutres*, *pronominaux*, *réfléchis*, *réciproques et impersonnels*.

Avant d'entrer dans l'explication particulière de toutes ces différentes espèces de Verbes, il faut dire qu'en général le Verbe exprime une action faite ou une action reçue par le sujet, ou bien il ne signifie simplement que l'état ou la situation du sujet.

DU VERBE ACTIF.

Le Verbe *actif* exprime une action qui passe hors du sujet qui la produit et qui est reçue par un autre objet appelé le régime direct du Verbe.

Un Verbe est *actif* toutes les fois qu'on peut raisonnablement mettre immédiatement après lui ces mots : *quelqu'un* ou *quelque chose*, c'est-à-dire, lorsqu'il a ou qu'il peut avoir un régime indiqué par la question *qui ?* ou *quoi ?* que l'on peut toujours se faire après cette espèce de verbe.

EXEMPLE :

Pierre écrit une lettre.

Pierre est le sujet ou l'être agissant ; *écrit* est le verbe qui exprime l'action du sujet, et *lettre* est le régime direct ou l'objet sur lequel tombe l'action faite par le sujet et exprimée par le Verbe.

Ce régime est toujours un nom, ou un pronom, ou un Verbe à l'infinitif, ou même une phrase toute entière.

EXEMPLES :

Pierre aime *Dieu* :

Il *l'*adore.

Nous devons *pratiquer* la vertu.

Je crois *que Dieu est tout-puissant.*

Ce Verbe peut même avoir plusieurs régimes à la fois de même nature.

EXEMPLES :

J'aime *mon frère* et *ma sœur.*

Nous devons *aimer* et *servir* Dieu.

Je veux *que mon frère m'accompagne* et *qu'il partage mes plaisirs.*

DU VERBE PASSIF.

Le Verbe *passif* est précisément l'opposé du Verbe *actif*. Dans celui-ci, c'est le sujet qui fait l'action ; dans le *passif*, c'est lui qui la souffre. Au reste, l'étymologie même de ces deux mots dont l'un, savoir l'*actif*, signifie en latin qui agit, et l'autre savoir le *passif*, signifie qui souffre, marque complètement cette distinction.

EXEMPLES :

Pierre *aime* Dieu. (Verbe actif.)
Pierre *est aimé* de Dieu. (Verbe passif.)

Le Verbe *passif* est composé dans tous ses temps et dans tous ses modes avec le Verbe *être*, et n'a, par conséquent, point de temps simples comme les autres Verbes, ne pouvant d'ailleurs s'exprimer que par la réunion du participe et du Verbe *être*.

EXEMPLES :

Il est estimé.
Nous *sommes aimés.*
Nous *avons été récompensés.*

Nota. La Langue française ne doit point admettre de Verbes *passifs* comme la latine, par une raison bien simple, exprimée dans les Verbes *neutres* ci-après.

DU VERBE NEUTRE.

Le Verbe *neutre* est celui qui n'exprime simplement que l'état ou la situation du sujet. Exemple : Je *pense*, tu *dors*, il *repose*, il *existe*, etc. Ou s'il marque en quelque sorte une action, comme : *aller*, *partir*, *arriver*, *triompher*, etc., cette action ne passe point hors du sujet qui agit, ou de l'être qui la produit. C'est pourquoi dans l'un et dans l'autre cas, le Verbe *neutre* ne peut point avoir de régime direct, parce qu'on ne pourrait raisonnablement mettre après lui ces mots *quelqu'un* ou *quelque chose*, comme après le Verbe *actif*. Exemples : *Vous partez*, *nous triomphons*. L'on voit que l'action se borne à *vous* qui partez, à *nous* qui triomphons.

Ce Verbe s'appelle *Neutre*, de *neuter*, *ra*, *rum*, qui signifie *ni l'un ni l'autre* : on l'a ainsi nommé, parce qu'il n'est ni *actif*, ni *passif*.

Le Verbe *être*, et l'adjectif qui le suit, peuvent être regardés comme un Verbe *neutre*, c'est-à-dire, Verbe d'état ou de situation.

Exemple : Il *est sage* ; c'est-à-dire, il est dans un état de sagesse.

Que doit-on conclure de là ? Qu'il n'y a point de Verbes passifs en français, quoi qu'en disent plusieurs de nos Grammairiens. En effet, ce qu'ils appellent Verbes *passifs* n'est autre chose que le Verbe *être* auquel est joint un adjectif participe qui, ensemble, ne peuvent de même être considérés que comme un Verbe *neutre*, c'est-à-dire, Verbe d'état ou de situation.

EXEMPLE :

Les méchants *sont punis*, c'est-à-dire, les méchants sont dans un état de punition. Comme *être sage*, c'est être dans un état de sagesse.

Le Verbe *neutre* ne peut donc point avoir de régime direct non plus que le Verbe *être*, par la raison bien naturelle qu'on ne peut être autre chose que ce qu'on est ; le mot qui paraît quelquefois en être le régime est ce qu'on appelle *Apposition* du sujet; mot qui fait tout ce qu'il peut pour en être l'adjectif, mais qui n'est toujours que lui-même sous un autre nom qualificatif.

EXEMPLES :

L'homme est une *créature raisonnable.*
Le printemps est une *saison agréable.*

DU VERBE RÉFLÉCHI.

LE Verbe *réfléchi* est celui dont l'action qu'il exprime retombe sur le sujet qui la produit. Il se conjugue avec deux pronoms de même personne et de même nombre, dont l'un est *sujet* et le second *régime direct* ou *indirect*.

Le second pronom est *régime direct* quand il se change par *moi, toi, soi, nous, vous*. } En le faisant passer après le Verbe.

Il est *régime indirect* lorsqu'il se change par *à moi, à toi, à soi, à nous, à vous*. }

EXEMPLES : {
Je *me* félicite, tu *te* blâmes, il ou elle *se* flatte, il *se* bat.
Nous *nous* réjouissons, vous *vous* applaudissez, ils ou elles *se* plaignent. } Directs.

Pierre *se* donne un habit.
Il *se* brûla la cervelle.
Il *s'*imagine qu'il fait froid. } Indirects.

Quand ce second pronom est *régime indirect*, le verbe prend alors un autre mot pour régime *direct*, et même une *phrase incidente* toute entière, comme on le voit dans la dernière phrase de l'exemple précédent.

DU VERBE RÉCIPROQUE.

Le Verbe *réciproque* est celui qui exprime l'action de deux ou de plusieurs sujets agissant les uns sur les autres. Il se conjugue aussi, comme le Verbe *réfléchi*, avec deux pronoms de même personne et de même nombre, dont l'un est *sujet*, et le second *régime direct* ou *indirect*.

EXEMPLES : { Il faut que deux frères *s'*aiment et *s'*étudient à *se* rendre service.
{ Les hommes ne peuvent *s'*accorder.

Lorsque le second pronom est *régime indirect*, le Verbe prend aussi un autre mot pour *régime direct*.

Remarque. Pour que le Verbe soit *réciproque* sans équivoque, il est souvent nécessaire d'y ajouter les mots : *l'un, l'autre, réciproquement, entre* ou *mutuellement.*

EXEMPLES :

Cicéron et Antoine *se* louaient *l'un l'autre, réciproquement, mutuellement,* ou *s'entre*-louaient.

La Fontaine dit : En ce monde il *se* faut *l'un l'autre* secourir, il *se* faut *entr'*aider, c'est la loi de la Nature.

DU VERBE PRONOMINAL.

Le Verbe *pronominal* est celui qui a la signification passive, c'est-à-dire, celui dont le sujet, étant un nom de chose ou de personne, n'agit pas sur lui-même, quoiqu'il ait pour régime un pronom de même personne que son sujet.

EXEMPLES :
{ L'or *se tire* des entrailles de la terre.
{ Susanne *s'est trouvée* innocente.
{ Une vieille habitude *se quitte* difficilement.
{ Ce qui *s'apprend* dès le berceau, ne *s'oublie* jamais.
{ Cette maxime *se trouve* dans Sénèque.

} C'est comme s'il y avait:
} *Est tiré. A été trouvée.*
} *Est quittée. Est appris.*
} *N'est oublié. Est trouvée.*

On peut encore regarder comme pronominaux, les Verbes *se repentir*, *se mourir*, *s'en aller*, dont le sujet n'agissant pas non plus sur lui-même, ne sont que des Verbes *neutres* semblables seulement, quant à la forme, aux Verbes *réfléchis*.

EXEMPLES :
{ Que de gens *se sont repentis* de ne s'être pas appliqués pendant leur jeunesse !
{ Cette personne *se meurt*.
{ C'est comme s'il y avait : *ont été repentants ; est mourante*.

Remarque. Il est important pour la concordance du participe avec son correspondant, de savoir bien distinguer le Verbe *pronominal* des Verbes *réfléchis* et *réciproques*, que l'on confond très-souvent faute de les savoir connaître.

DU VERBE IMPERSONNEL.

Le Verbe *impersonnel* ou *mono-personnel* est celui qui ne s'emploie, dans tous ses temps, qu'à la troisième personne du singulier avec le pronom *il*, et dont le sens ne permet pas, comme dans tous les autres Verbes, de pouvoir raisonnablement substituer de nom à la place de ce pronom *il*, qui n'est lui-même qu'un sujet vague et indéterminé.

On distingue deux sortes de Verbes *impersonnels*.

1.º Ceux qui étant toujours *impersonnels* de leur nature, ne peuvent avoir dans tous leurs temps que le pronom *il* pour sujet.

Falloir . . . . Il faut être honnête. Il me faut de l'argent.

Importer. . . . . Il importe, ou il m'importe peu que, etc.

Y avoir. . . . . Il y a huit ans. Il y avait. Il y aura, etc.

Geler . . . . Il gèle.
Grêler . . . . Il grêle.
Neiger . . . . Il neige.
Pleuvoir . . . . Il pleut.
Sembler. . . . . Il semble, ou il me semble.

2.º Ceux qui, n'étant point *impersonnels* de leur nature, le deviennent quelquefois par le sens, et dont les principaux sont :

Agir . . . . Il s'agit de l'honneur.
Aller . . . . Il y va de la vie.
Arriver. . . . . Il arrive souvent qu'on se trompe.
Convenir . . . . Il convient d'examiner avant de juger.
Eclairer. . . . . Il éclaire rarement en hiver.
Être (*suivi d'un adjectif.*) Il est bon de tout voir par soi-même.
Être (*suivi d'un substant.*) Il est des âmes fausses dont on doit se défier.

Faire . . . . Il fait beau temps. Il fait froid. Il fait un temps sombre.

Paraître . . . . Il paraît que vous aimez la vertu.

Suffire . . . . Il suffit que vous le vouliez.

Tenir . . . . Il ne tient qu'à vous d'être honnête.

Valoir . . . . Il vaut mieux négliger ses intérêts que de faire tort aux autres.

Nota. L'Auteur conseille aux Jeunes Gens qui voudraient apprendre facilement et en peu de temps à bien conjuguer, et par conséquent à bien orthographier tous les verbes de la Langue française, de se procurer son Tableau de terminaisons des Verbes, ainsi que celui des Pronoms.

Ces deux Tableaux, très-bien gravés en taille-douce, se trouvent aux mêmes adresses.

Il prévient les Jeunes Gens, particulièrement ceux qui se destinent au commerce, dont l'éducation aurait été négligée, qu'il continue de donner des leçons particulières chez lui et dans la ville.

FIN.

DE L'IMPRIMERIE DE BALLANCHE.

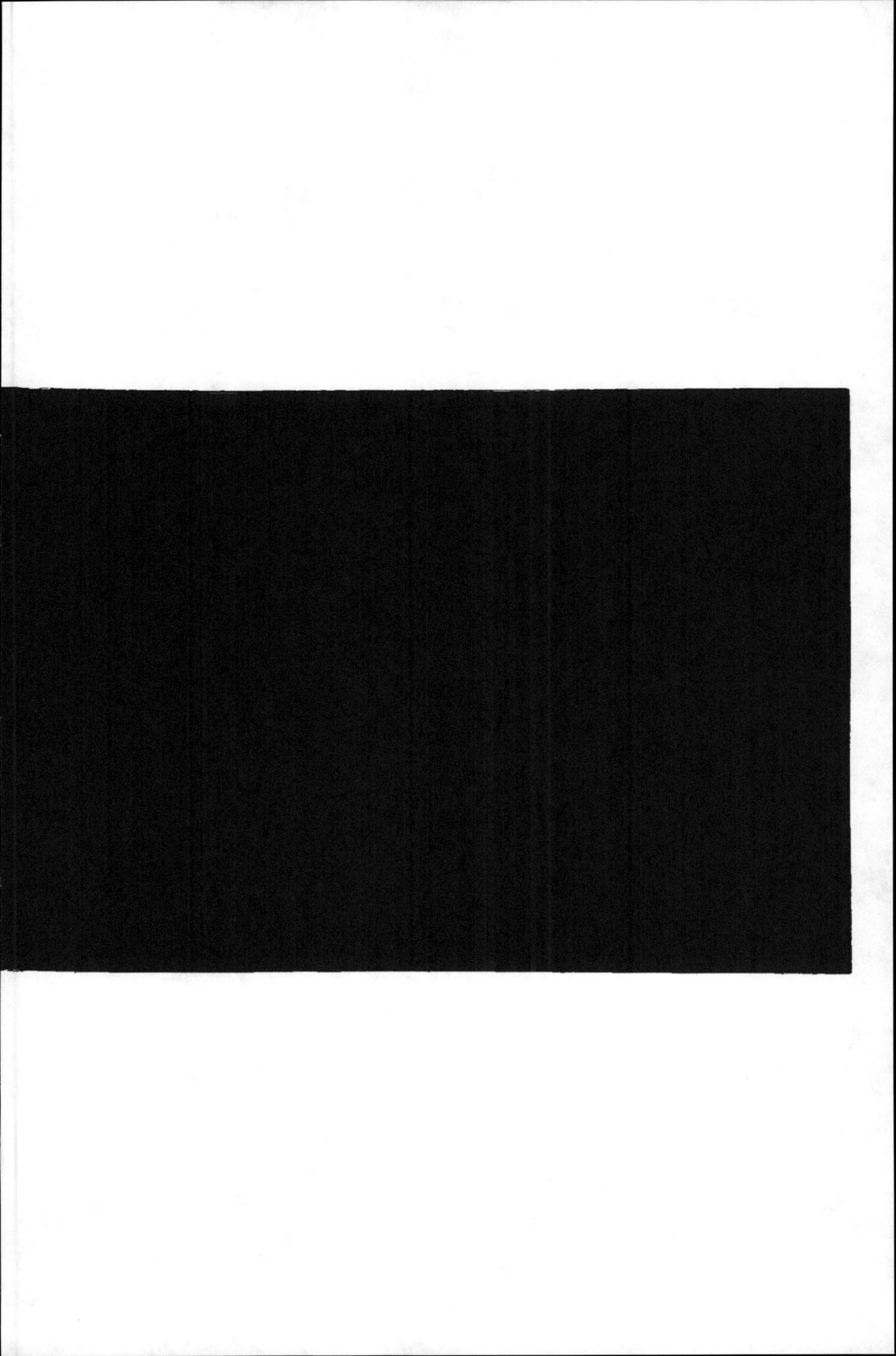

www.ingramcontent.com/pod-product-compliance
Lightning Source LLC
Chambersburg PA
CBHW060808280326
41934CB00010B/2603